Collection de M. W.....

OBJETS D'ART

DE LA CHINE

COMMISSAIRE-PRISEUR

M F. LAIR-DUBREUIL

EXPERTS

MM. Henri & André PORTIER

CATALOGUE

DES

OBJETS D'ART

DE LA CHINE

POTERIES, PORCELAINES, FAIENCES

Bronzes

Matières dures — Bois sculptés

PEINTURES - BRODERIES

Composant la Collection de M. W.....

Dont la Vente aux Enchères Publiques aura lieu

HOTEL DROUOT, SALLE N° 9

Les Mercredi 5 et Jeudi 6 Mai 1909

à deux heures

<table>
<tr><td>COMMISSAIRE-PRISEUR</td><td>EXPERTS</td></tr>
<tr><td>Mᵉ F. LAIR-DUBREUIL</td><td>MM. HENRI & ANDRÉ PORTIER</td></tr>
<tr><td>6, rue Favart</td><td>24, rue Chauchat</td></tr>
</table>

EXPOSITION PARTICULIÈRE chez **MM. PORTIER**

24, rue Chauchat

Le Samedi 1ᵉʳ Mai 1909, de deux heures à sept heures.
Le Lundi 3 Mai 1909, de deux heures à cinq heures.

EXPOSITION PUBLIQUE

HOTEL DROUOT, SALLE N° 9

Le Mardi 4 Mai 1909, de 2 heures à 6 heures

CONDITIONS DE LA VENTE

Elle sera faite *au comptant*.

Les adjudicataires paieront *dix pour cent* en sus des enchères.

L'exposition publique permettant aux acheteurs de se rendre compte de l'état et de la nature des objets, *aucune réclamation*, pour quelque cause que ce soit, ne sera admise une fois l'adjudication prononcée.

Paris. — Imprimerie de l'Art, Ch. Berger, 41, rue de la Victoire.

ORDRE DES VACATIONS

Mercredi 5 Mai 1909

Bronzes.	176	à 200
Porcelaines Ming.	1	à 41
Poteries.	98	à 124
Peintures	136	à 140
Matières dures	147	à 156

Jeudi 6 Mai 1909

Porcelaines Mandchou.	67	à 97
Bronzes.	157	à 176
Faïences Ming	97^a	à 97^q
Porcelaines Mandchou.	42	à 67
Divers.	141	à 146
Bois sculptés.	125	à 135

LES POTERIES

Pendant que depuis longtemps les anciens bronzes chinois ont éveillé l'intérêt des savants et des collectionneurs, les Poteries et les Faïences, elles, n'ont pas su intéresser et on les a négligées complètement.

Il est vrai que les renseignements des Annales chinoises sont peu explicites à leur sujet, tandis que de nombreux ouvrages fort détaillés ont paru sur les bronzes, quant à leurs formes, leurs dimensions et les différents alliages employés.

Le Chinois, de plus, ne s'était pas encore intéressé à la Poterie, pour laquelle il ne trouvait pas de débouchés ; lorsqu'il en rencontrait des spécimens, dans ses fouilles, il les détruisait, n'emportant que les bronzes, qui avaient

encore ce gros avantage qu'ils ne cassaient pas !
pendant les durs voyages cahotés vers la côte.

Bien peu de savants européens ont étudié la
Poterie, sur place, en Chine, et rares sont les
voyageurs qui en emportaient des types, d'ailleurs
rudimentaires et qu'ils ne savaient pas, du reste,
apprécier au point de vue artistique.

Ce fut le docteur Bushell qui, le premier, les
collectionna et tenta de les classer. Jusqu'en 1900,
on ne les avait pas étudiées.

Enfin, le distingué conservateur du Musée de
New-York, M. Laufer, s'y consacra entièrement
et, après sa mission d'études (1901-1902) en
Chine, réussit à emporter à New-York une
magnifique collection de 270 pièces environ. Il
avait là une base d'étude remarquable : il sut
en profiter et va éditer prochainement un ouvrage
intitulé " Han Pottery " qui sera le bienvenu de
tous, en nous éclairant sur la Chine antique, si
ignorée jusqu'alors.

Il y décrit entre autres plusieurs pièces de la
présente collection.

On verra, d'après cela, combien l'on a eu tort
de négliger cette branche si importante de l'Art
chinois primitif.

La Poterie tenait, en effet, une place considérable pour une grosse partie de la population, beaucoup trop misérable pour acquérir des ustensiles de ménage ou des ornements de tombeau en bronze.

C'est ainsi que la Poterie, beaucoup plus libre que le bronze, a su se créer, à côté des principes admis, une individualité toute particulière, et nous a donné toute une gamme de formes infiniment pures et de décors de chasse vigoureux, que le bronze nous aurait laissé ignorer.

Avantage qui, par contre, devait rendre l'Étude de la Poterie beaucoup plus hésitante et complexe.

Les premières pièces trouvées étaient fort rudimentaires, généralement composées d'une matière rouge mêlée d'os de poissons, faites à la main, sans aucun décor et souvent peu pratiques.

Sous la dynastie des Chow, la pâte grise domine et deux formes se précisent, diamétralement opposées : l'une à base très large, lourde d'aspect ; l'autre, au contraire, excessivement effilée, empêchant même quelquefois la pièce de se maintenir debout.

Nous avons eu la chance d'en découvrir plusieurs, quelques-uns notamment portant des inscriptions nous permettant de leur donner une date ou de connaître leur usage.

Le souci du décor apparaît déjà à cette époque sous forme de petites stries irrégulières, tracées au bâton, dans la pâte molle, par une main inhabile, puis un peu plus tard, à l'aide de petites planchettes creusées spécialement. Ils employèrent enfin des nattes.

Nous arrivons alors à l'époque des Hans, qui connaît la glaçure. Elle est au début toujours verte, puis plus tard tourne au jaune, pour devenir bientôt brune.

Cette glaçure étant composée à base de cuivre et de zinc, a pris, par suite de son séjour prolongé dans la terre chinoise renfermant beaucoup de nitrates, toute une gamme d'oxydations or et argent. Nous en possédons quelques exemplaires, à Pékin, si bien oxydés qu'ils paraissent entièrement nacrés.

On a retrouvé, de cette époque, un grand nombre de formes étranges, ustensiles de ménage, d'intérieur, et même des animaux domestiques. Ensuite tous les ornements de tombeau, semblables aux précédents, mais de dimensions réduites, et que le mort devait emporter avec lui — coutume qui subsiste encore aujourd'hui, la Poterie ayant eté remplacée par le papier qui est brûlé pendant la cérémonie.

Malheureusement, la recherche de ces pièces,

si intéressantes au point de vue chronologique et documentaire, est fort restreinte, par suite de la religieuse dévotion du Chinois, à qui les fouilles apparaissent comme un sacrilège envers ses ancêtres.

La peine de mort est la punition sans merci du maladroit qui s'est fait prendre violant des tombeaux ou faisant des recherches.

Si on a tout de même arraché quelques pièces au sol, cela est dû à des circonstances heureuses, comme un éboulement, ou pendant des travaux de canalisation ou autres, au cours desquelles un ouvrier a su dissimuler ses trouvailles, qui sans cela seraient de nouveau enfouies.

La profondeur à laquelle se trouvent ces pièces est fort irrégulière, mais dépasse toujours 30 mètres en règle générale.

Aujourd'hui, presque toutes les pièces ainsi mises à jour sont de suite accaparées par l'Amérique, qui a sur place de nombreux agents disposant de crédits énormes, et nécessaires, le Chinois commençant à voir l'intérêt que soulève ces pièces.

Nous souhaitons de voir les musées européens suivre cette voie prochainement avant que ces pièces ne deviennent fort difficiles à trouver et impossibles à acquérir.

Nous voulons en ce trop court résumé diriger l'attention du collectionneur vers cette branche négligée jusqu'alors de la Poterie primitive, mais qui, par sa variété de formes et de décors, sait si bien récompenser celui qui s'est donné corps et âme à son étude, comme nous l'avons fait à Pékin depuis huit ans.

L. WANNIECK.

Pékin, 1909.

DÉSIGNATION

PORCELAINES

DYNASTIE DES MING (1368 à 1643)

1 — Vase, à fleurs, à étranglement médian, fond
blanc, décoré d'animaux fantastiques gris bleuté.

Haut., 18 cent.; diam., 17 cent.

2 — Petite potiche bleu-blanc, décorée d'un semis
de chrysanthèmes, avec couvercle de même
décor quoique n'appartenant pas à la potiche.

Haut., 21 cent. ; diam., 17 cent.

3 — Gourde trois couleurs, d'une forme originale.
Un manque important.

Haut., 29 cent. ; diam., 12 cent.

4 — Cornet trois couleurs, à étranglement médian
portant deux arêtes, décoré de chrysanthèmes.

Haut., 32 cent. ; diam., 16 cent.

5 — Gourde-applique bleu et blanc, décorée de
dragons impériaux à cinq griffes, dans des
nuages stylisés, portant au dos dans un encadrement le cachet de *Wan-li, 1573-1619*.

Haut., 32 cent.; diam., 15 cent.

6 — Gourde-applique semblable à la précédente et portant le même cachet, mais décorée de personnages.

Haut., 31 cent.; diam., 15 cent.

7 — Petit chien de Fô sur socle, porcelaine imitant le bronze.

Haut., 15 cent.

8 — Potiche, décor bleu et blanc, représentant les Cent Enfants. Cachet de *Wan-li*.

Haut., 26 cent.; diam., 28 cent.

9 — Potiche, décor bleu-foncé, représentant un paysage. Commencement des Ming.

Haut., 29 cent.; diam., 24 cent.

10 — Potiche bleu-blanc, portant les signes du Bonheur dans un décor de phénix. Signé : *Chia-Ching, 1522-1566.*

Haut., 28 cent.; diam., 24 cent.

11 — Potiche cinq couleurs, décorée du dragon dans les nuages.

Haut., 33 cent.; diam., 25 cent.

12 — Potiche cinq couleurs, décor comme la précédente.

Haut., 34 cent.; diam., 26 cent.

13 — Petite potiche, décor bleu-blanc de chrysanthèmes, portant au dos la marque de poterie de la feuille d'anthémise.

Haut., 23 cent.; diam., 20 cent.

14 — Potiche bleu-blanc également, décorée de fleurs.

Haut., 34 cent.; diam., 24 cent.

15 — Potiche bleu-blanc, représentant entre deux
rinceaux un joli paysage.

Haut., 29 cent. 1/2 ; diam., 30 cent.

16 — Potiche bleu-blanc, représentant un fin semis
de chrysanthèmes. Cette potiche est accompa-
gnée d'un couvercle, qui, quoique n'étant pas
le sien, porte même décor.

Haut., 36 cent. ; diam., 27 cent.

17 — Potiche trois couleurs, portant dans des
médaillons un décor d'animaux fantastiques.

Haut., 30 cent.; diam., 24 cent.

18 — Potiche cinq couleurs, décorée de phénix,
entre fin semis de chrysanthèmes.

Haut., 30 cent.; diam., 22 cent.

19 — Gourde cinq couleurs, de la Manufacture
Impériale, portant les signes du Bonheur.
Cachet de *Chia-Ching, 1522-1566*.

20 — Vase, décoré au col de fleurs de cerisier, et
sur la panse de trois anneaux craquelés de glaçure plus foncée, séparant une zone céladon à
moyennes craquelures, et une zone blanche à
grandes craquelures. Au pied, décor représentant la mer. Marque de *Cheng'Hua, 1465-1487*.

Haut., 41 cent. ; diam , 21 cent

21 — Potiche bleu et blanc, décorée de dragons
impériaux dans les nuages. Marque *Chia-Ching,
1522-1566*.

Haut., 19 cent. ; diam., 24 cent.

22 — Potiche bleu-blanc, motif de chrysanthèmes serrés. Un couvercle, même décor, mais de l'époque Kang-Hsi (1662-1722), accompagne la potiche.

Haut., 44 cent.; diam., 25 cent.

23 — Potiche bleu-blanc : fleurs.

Haut., 30 cent.; diam., 22 cent.

24 — Autre potiche, même décor.

Haut., 30 cent.; diam., 23 cent.

25 — Grande gourde bleu et blanc, à double renflement, décorée de fleurs. Pièce excessivement curieuse.

Haut., 48 cent.; diam., 25 cent.

26 — Bouteille rouge soufflé de tâches bleutées.

Haut., 31 cent.

27 — Boîte à gâteaux bleu et blanc, portant le dragon impérial. Signée : *Chia-Ching, 1522-1566*.

Larg., 25 cent.; haut., 13 cent.

28 — Boîte à encre bleu-blanc, attribuée au commencement des Ming, décorée de motifs de fleurs.

Diam., 14 cent.

29 — Figure, représentant, la fleur de lotus à la main, Ho-sin-ho, une des Pa-hsien. huit génies immortels, décor bleu et blanc.

Haut., 30 cent.

30 — Autre figure flammée, représentant Li-ti-Kue, un autre Pa-hsien.

Haut., 41 cent.

31 — Assiette allongée, décor bleu et blanc de dragon dans les nuages et de phénix.

Larg., 33 cent. et 18 cent.

32 — Assiette, même décor, mais ronde.

Diam., 27 cent.

33 — Assiette bleu et blanc, portant comme décor
intérieur une pierre et une feuille, où se lit une
poésie sur le Printemps. Au dos, une marque
de poterie, recommandant la finesse de la pâte.

Diam., 21 cent.

34 — Plat blanc et bleu, d'un décor spécial pour
l'exportation dit de « Nankin », représentant
fleurs et arbres.

Diam., 32 cent.

35 — Paire de plats bleu-blanc, décorés du Licorne,
avec marque de potier au dos pour la finesse
de la pâte.

Diam., 3° cent.

36 — Plat bleu et blanc, décoré des palmes carac-
téristiques de l'influence persane et au dos de
quatre des emblèmes précieux : la corne de
rhinocéros, les deux livres, le joyau et la peinture.

Diam., 35 cent.

37 — Plat bleu et blanc, finement décoré de fleurs.

Diam., 35 cent.

38 — Plat bleu et blanc. décoré de chrysanthèmes.

Diam., 39 cent.

39 — Petite assiette bleu et blanc, représentant une
scène d'intérieur, finement exécutée, venant du
Four Impérial. Marque *Chia-Ching, 1522-1566*.

Diam., 14 cent.

40 — Vase quadrangulaire fond rose, décoré d'un
dragon vert dans les nuages.

Haut., 10 cent.

41 — Petite bouteille blanc de Chine, portant en
relief, au col, un dragon qui l'enlace. Attribuée à
l'époque Ming.

DYNASTIE MANDCHOUE OU CHING
(1644 A NOS JOURS)

42 — Deux assiettes bleu et blanc, décorées de
fleurs. Signées : *Kang-hsi, 1662-1722*.

Diam., 15 cent.

43 — Vase à panse large, portant un décor fantaisie bleu-blanc.

Haut., 36 cent.: diam. 20 cent.

44 — Jolie potiche bleu et blanc, représentant une
réception, couvercle même décor, mais an-
térieur, époque Ming. La potiche porte au fond
les deux anneaux concentriques des Kang-hsi,
qui remplacèrent la marque : (Un mandarin
ayant surpris un enfant foulant aux pieds par
mégarde des débris de porcelaine portant le
cachet de l'Empereur Kang-hsi, le fit remplacer
sur les porcelaines par les deux anneaux), décorée également des signes du Bonheur.

Haut., 38 cent.: diam.. 27 cent.

45 — Potiche, à décor serré de chrysanthèmes bleu
et blanc; au fond, les deux cercles entourant
la feuille d'anthémise. Marque de poterie.

Haut., 33 cent.; diam., 25 cent.

46 — Deux petits vases bleu et blanc, représentant
des paysages.

Haut., 10 cent.; diam., 8 cent.

47 — Deux jardinières plates bleu et blanc, décorées
de fleurs.

Larg., 19 cent. et 13 cent.

48 — Assiette bleu-blanc, portant sur une face le
signe du Bonheur entouré de fleurs; sur l'autre
face, un joli paysage maritime bleu foncé.

Diam., 28 cent.

49 — Coupe creuse : fleurs bleu-blanc, portant au
dos une marque de potier.

Diam., 22 cent.

50 — Assiette bleu-blanc, décorée de fleurs et fruits
enlaçant les quatre emblèmes précieux.

Diam., 20 cent.

51 — Jardinière bleu-blanc, représentant les Pa-hsien
(immortels), vers lesquels se dirige Lao-cho-
Ching sur son phénix, à travers les nuages.

Diam., 24 cent.; haut., 14 cent.

52 — Boîte à gâteaux à cinq cases intérieures, celle
du milieu est décorée des trois pêches de Longévité, les autres de chauves-souris, fin décor
de feuilles et fleurs au couvercle.

Diam., 20 cent.

53 — Coupe creuse, fleurs bleu-blanc, portant au
dos une marque de potier.

Diam., 22 cent.

54 — Potiche bleu et blanc, à décor de lions jouant
avec la boule sacrée. Pièce fort belle, mais dont
le col a été coupé. Pièce similaire entière dans
la *Collection Pierpont-Morgant*.

Haut., 22 cent.

55 - Potiche et son couvercle, décorés de fleurs en
semis serré.

Haut., 42 cent.; diam., 25 cent.

56 - Très jolie bouteille, piriforme, dont le décor
se ressent de l'influence persane, portant les
signes du Bonheur et de la Longévité. Pièce de
premier ordre.

Haut., 29 cent.

57 — Grand cornet à renflement médian, famille
verte, portant des guerriers en réserve dans
des médaillons, entourés de fleurs à décor vert
et rose.

Haut., 39 cent.

58 — Boîte à opium, représentant une réception.
Époque Tao-Kuang. 1821-1850.

Haut., 12 cent.

59 — Assiette bleu et blanc, dite « chauffe-vins ».
La partie centrale, supportant le liquide, repré-
sente la Montagne-Sainte dans le Pacifique, et
le rebord où se verse l'alcool est orné de dragons jouant dans les flots. Époque Chien-lung,
1736-1795.

60 — Vase à quatre pans coupés, céladon craquelé, portant comme décor les huit diagrammes. Marque : *Tung-Chih, 1862-1874.*

Haut., 29 cent.

61 — Grande bouteille fond bleu vif dégradé, portant à intervalles réguliers trois grandes veines rouges. Chien-lung, 1736-1795.

Haut., 42 cent.

62 — Service de huit tasses à thé, signées : *Kang-hsi*, mais plutôt imitation faite sous Chien-lung, de l'époque Kang-hsi; chaque tasse, décorée de fleurs, porte une poésie.

63 — Vase à grande panse, col court, décoré sur fond céladon des huit chevaux de l'empereur Mu-Wang et de l'autre d'un groupe de buffles. Très belle pièce.

Haut., 43 cent.; diam., 36 cent.

64 — Vase, représentant une réception de mandarins, famille rose. Époque Tao-Kuang, 1821-1850.

Haut., 43 cent.: diam , 20 cent.

65 — Potiche, famille rose, décorée des signes du Bonheur et de fleurs. Même époque.

Haut., 37 cent.: diam., 25 cent.

66 — Garniture d'autel, complète, soit : le brûle-parfums, deux chandeliers, deux cornets, sur fond rouge portant les signes du Bonheur. Marque : *Tao-Kuang, 1821-1850.*

67 — Quatre statuettes des Pa-hsien (Génies immortels).

Haut., 22 cent.

68 — Deux tasses à thé, finement décorées de
paysages et personnages, avec couvercle. Marque : *Tung-Chih, 1862-1874.*

69 — Une coupe rouge, portant deux médaillons
avec paysages. Chien-lung, 1736-1795.

70 — Deux coupes en forme de fleurs. Chien-lung,

71 — Quatre coupes et un fruitier, représentant
extérieurement les Pa-hsien en couleurs polychromes et intérieurement Lao-Cho-Chin, avec
le Cerf de l'Immortalité en bleu.

72 — Quatre coupes bleu-blanc Chien-lung, représentant les Cerfs de l'Immortalité.

73 — Potiche Chien-lung à double glaçure, décorée
en fond bleu sur réserves blanches répétées
régulièrement. Les anses sont formées par
deux têtes de renard.

Haut., 28 cent.; diam., 24 cent.

74 — Boite chauffe-thé complète, bleu-blanc, décorée
de papillons et des emblèmes bouddhiques.

Haut., 10 cent.; diam., 20 cent.

75 — Potiche craquelée grise, avec anses représentant des lions tenant un anneau dans la gueule.
Marque : *Yung-Cheng, 1723-1735.*

Haut., 35 cent.; diam., 20 cent.

76 — Bouteille, famille rose Chien-lung, décorée de
fleurs et de signes du Bonheur.

Haut., 43 cent.; diam., 21 cent.

77 — Boîte à gâteaux, portant sur le couvercle et le corps des médaillons représentant de fins paysages en réserve. Un lion sert de bouton. Famille verte. Époque Tao-Kuang, 1821-1850.

Haut., 18 cent.; diam., 18 cent.

78 — Porte-pinceau flambé polychrome, représentant un tronc d'arbre sur lequel un prêtre est assis. Très belles couleurs.

Haut., 13 cent.

79 — Deux bougeoirs, famille rose Chien-lung, décorées sur fond blanc de fleurs polychromes autour des signes du Bonheur.

Haut., 37 cent.

80 — Bouteille à grosse panse, famille verte, décorée comme la précédente. Chien-lung.

Haut., 43 cent.

81 — Bouteille à col allongé, décor Tao-Kuang de fleurs et oiseaux.

Haut., 42 cent.

82 — Deux porte-chapeaux, très finement décorés, représentant les Pa-hsien rendant visite à Lao-cho-chin. Remarquable finesse des robes. Époque Chien-lung.

Haut., 28 cent.

83 — Figurine, famille noire Tao-Kuang, représentant Li-ti-kue, un des huit Pa-hsien. Marque de poterie sous forme d'un dragon.

Haut., 7 cent.

84 — Statuette, représentant, drapée dans une robe
noire décorée de fleurs de cerisiers, l'immortel
Li-ti-kue. Époque Chien-lung.

85 — Petite théière, décorée sur fond blanc des
signes du Bonheur. Marque *Tao-Kuang, 1821-
1850*.

86 — Paysan, devant son tonneau, pressant son
huile, portant une jolie glaçure bleue. Époque
Ming.

87 — Petit vase Chien-lung, décoré de fleurettes
bleues en relief sur fond blanc.

88 — Coupe Kang-hsi, bleu et blanc, décorée des
pêches de Longévité et des signes du Bonheur.

89 — Petit vase-applique, famille verte Chien-lung,
décoré des signes du Bonheur.

90 — Petit vase-applique, famille verte Chien-lung,
fond turquoise truité, portant deux médaillons
décorés de paysages.

91 — Deux vases-appliques bleu-blanc, décorés de
fleurs. Chien-lung.

92 — Deux bonbonnières fond bleu, décorées de
fleurs. Époque Yung-cheng, 1723-1735.

93 — Deux tabatières, une bleu-blanc, l'autre bleu
et ocre.

91 — Grande figure, époque Chien-lung, représentant un des quatre Dieux Taoïstes des Étoiles, drapé dans une magnifique robe ; la partie supérieure, d'un beau jaune orné de fleurettes et de mones, est maintenue par une fine ceinture blanche. Au-dessous de la robe bleue, de jolies zones polychromes. Pièce remarquable par la finesse de la pâte et celle du décor.

Haut., 43 cent.

PÉRIODE SUNG (960-1279)

95 — Petit vase à jolie glaçure verte, vitrifié intérieurement.

Haut., 12 cent., diam., 14 cent.

96 — Joli vase quadrilatéral, porcelaine Kwann-yao (en pâte rougeâtre), couverte d'une belle glaçure de grand feu, portant comme décor les huit diagrammes sacrés.

> Ces diagrammes furent aperçus, dit la légende, par le mystique Empereur Wuti (environ 3,000 ans avant Jésus-Christ) sur un cheval sorti des flots. Dans la légende, les lignes entières représentent le mâle ou soleil ; les lignes interrompues, la femelle ou terre — et de la combinaison des deux on tire la création du monde.

Haut.; 23 cent., diam., 9 cent.

97 — Lampe, à glaçure grisâtre, un bord relevé pour maintenir la mèche.

Diam., 14 cent.

FAIENCES MING

97ᵃ — Statuette, d'un saint Taoist devant un écran, représentant sur une face des nuages, sur l'autre des fleurs.

Haut., 25 cent.

97ᵇ — Coupe en faïence brune, décorée d'un dragon dans les nuages.

Diam., 25 cent.

97ᶜ — Coupe deux couleurs, décorée en vert et jaune de feuilles et fleurs.

Diam., 19 cent.

97ᵈ — Deux guerriers, pièces qui étaient employées au chauffage, décorés de jolies oxydations sur fond vert.

Haut., 38 cent.

97ᵉ — Deux porte-fleurs-appliques, représentant toutes deux un crapaud cinq couleurs.

Haut., 20 cent.

97ᶠ — Deux porte-fleurs-appliques, représentant toutes deux un personnage dans un bois menacé d'un tigre.

97ᵍ — Porte-fleur-applique, représentant un prêtre bouddhique sur son âne, suivi de son aide.

Haut., 20 cent.

97ʰ — Paire de porte-fleurs-appliques, représentant chacun une figure de théâtre, homme et femme en costumes Ming, se détachant en relief sur le fond bleu.

Haut., 20 cent.

97ⁱ — Paire de porte-fleurs-appliques : des oiseaux sur les branches picorant des fruits.

Haut., 15 cent.

97^j — Gourde-applique, imitant la vannerie, portant en relief un crapaud et un coquillage.

Haut., 20 cent.

97^k — Deux lions-porte-fleurs sur socle. Pièces en trois couleurs.

97^l — Rocher, supportant un temple vers lequel se dirigent, par un petit sentier en escalier tournant autour de la pièce, deux fines figurines représentant les prêtres.

97^m — Figurine Taoist en faïence trois couleurs, blanc dominant.

Haut., 17 cent.

97ⁿ — Figurine représentant un ascète, lisant, les reins couverts d'une loque à jolie glaçure bleue.

Haut., 16 cent.

97° — Deux figures de Lao-cho-chin, fond blanc décoré manganèse.

Haut., 28 cent.

97^p — Porte-fleurs, décoré en relief de personnages deux couleurs.

Haut., 18 cent.

97^q — Encrier en forme de brique jaune et vert, portant le caractère du Bonheur.

Diam., 16 cent

POTERIES

98 — Coupe creuse, faite à la main, composée d'une
pâte rouge entremêlée d'os de poissons, ressor-
tant en points blancs.

> Selon les « Annales Chinoises du Ssu-ma-chien »,
> et les « Annales sur la première dynastie des Hans, par
> Pan-Ku », la poterie, existant avant que l'Empereur
> Wu-ti (3000 env. av. J.-C.) eut initié les Chinois à la
> travailler à la roue, était composée d'une pâte semblable,
> ce qui donc ferait remonter cette pièce avant Wu-ti ???
>
> La pièce est entièrement faite à la main, comme le
> montrent les empreintes du pouce à l'intérieur, des
> autres doigts à l'extérieur, tandis que le fond arrondi
> fut terminé avec la paume de la main.
>
> « Une pièce semblable existe encore dans la Collec-
> tion Wannieck de Pékin et paraît être la seule connue
> en dehors de la présente ».
>
> Haut., 10 cent. ; diam., 14 cent.

99 — Trépied fait à la main ou moulé, en pâte rou-
geàtre et os de poissons. Les trois pieds faisant
corps avec la masse, d'où ils semblent étirés.

> Cette pièce est décorée de petites stries verticales,
> probablement exécutées à l'aide d'une petite baguette,
> ou à l'aide d'une planchette cannelée appliquée sur la
> pâte encore molle.
>
> Haut., 12 cent.
>
> Deux autres pièces de forme semblable, mais en pâte
> grise, existent l'une dans la Collection Wannieck,
> l'autre au New-York National Museum.
>
> Le professeur Laufer va publier prochainement un
> ouvrage sur les « Han Potteries » où il en décrit une
> semblable (celle du National Museum) en la donnant
> comme la plus ancienne trace de poterie, notre pièce,
> n° 98, n'ayant pas encore été découverte à cette époque.

ÉPOQUE CHOW (1122-255 AVANT J.-C.).

100 — Une bouteille arrondie, en argile grisâtre, comme pièce de cette époque, d'une forme assez caractéristique, et qui ne fut point reproduite postérieurement.

> Une face de la pièce porte, gravée en creux, des caractères modernes indiquant Han, qui furent ajoutés probablement par le Chinois, qui découvrit la pièce, et qui voulut lui ajouter une époque, pour augmenter sa valeur.
>
> La pièce a été faite sur la roue, dont on voit les traces ne portant ni décor, ni glaçure, cette dernière n'ayant apparu que 147 ans environ avant J.-C.
>
> Taches plus claires de glaise, provenant du séjour dans la terre.
>
> Haut., 16 cent.; diam., 14 cent.

101 — Potiche, même forme que la précédente, mais réduite, en argile légèrement plus foncée, faite sur la roue, marbrée de taches de glaise plus claires.

> Haut., 16 cent.; diam., 10 cent.

102 — Bouteille à large panse, faite sur la roue, en pâte grise, couverte d'une couche d'argile ayant en certains endroits fait corps avec la pâte. (Pièce semblable au New-York National Museum.)

> Haut., 24 cent., diam., 21 cent.

103 — Petite potiche, couverte d'une couche d'argile, tellement régulière, que l'on se demande si ce n'est pas là un des premiers spécimens très imparfaits de glaçure. Sur une face apparaissent des caractères Chou, encore illisibles.

> Cette pièce fut découverte à Pékin en 1908, pendant les travaux pour une canalisation d'eau.
>
> Haut., 19 cent., diam., 17 cent.

101 — Brasier en argile gris rouge. On en a trouvé
d'analogues en bronze, qui durent servir de
modèles pour ceux en argile, moins coûteux.

> La coupe creuse, où était le combustible, porte trois
> petites arêtes support. Pièce de fouille, travaillée à
> la roue et présentant quelques traces brillantes d'oxy-
> dation.

105 — Vase à sacrifice, de forme élégante, en terre
rougeâtre de l'époque Han, faite sur la roue,
portant un décor primitif ; le fond du vase
paraît décomposé par suite de son séjour dans
la terre.

Haut., 11 cent.

106 — Vase à sacrifice en terre rouge, avec glaçure
oxydée, portant un décor relief d'animaux divers.

Haut., 11 cent.; diam., 15 cent.

107 — Bouteille terre grise à taches blanches, à
deux renflements coniques, portant un couvercle, décoré de boutons. Toute la pièce est im-
prégnée de calcaires.

Haut., 45 cent.; diam., 23 cent.

ÉPOQUE HAN (220 AVANT J.-C. — 221 APRÈS J.-C.).

108 — Vase à sacrifice, pour mettre les libations
à l'autel, en poterie gris verte genre Choù,
décoré de cercles concentriques séparés par des
petits traits verticaux entrecroisés. Couvercle
même décor avec inscription : *Que tes fils et
tes neveux soient heureux.*

Haut., 16 cent.

109 — Grosse potiche ventrue en terre claire rougeâtre, couverte d'une glaçure verte, oxydée par endroits en taches argentées : décor de cercles concentriques sous la glaçure.

Haut., 16 cent.; diam., 18 cent.

110 — Trépied terre rouge, à glaçure d'un beau vert foncé, disparue par endroits, décoré d'animaux et de scènes de chasse.

Haut., 18 cent.; diam., 23 cent.

111 — Bouteille, col coupé, en terre rouge, remarquable par l'oxydation d'une belle glaçure vert argentée ; sur les deux côtés, mascarons en têtes de tigres portant des anneaux, comme sur les bronzes de cette époque. Fond rajouté.

Haut., 16 cent.; diam., 28 cent.

112 — Coupe à riz en terre rougeâtre, sans décor, très belle oxydation argentée de la glaçure verte.

Haut , 8 cent.; diam , 22 cent.

113 — Vase, renflement médian, col évasé, pâte rouge des Han, glaçure verte avec reflets nacre-argent.

Haut., 34 cent.: diam., 21 cent.

114 — Bouteille, large panse, pâte rouge, glaçure vert jaune, portant sur le ventre un décor de scènes de chasse, et deux mascarons à têtes de tigres.

Haut., 30 cent.: diam., 25 cent.

115 — Bouteille pâte rouge, glaçure verte, portant les têtes de tigres en ornements, oxydation argentée.

Haut., 43 cent.; diam., 32 cent.

116 — Bouteille (fin des Hans), à cause de sa glaçure brun manganèse, richement décorée de scènes de chasse et des têtes de tigres. Glaçure s'arrêtant à mi-panse.

Haut., 41 cent.; diam., 27 cent.

117 — Brûle-parfum cylindrique, couvert d'une glaçure verte, à oxydation d'or, porte les deux têtes de tigres; les trois pieds ont disparu.

Haut., 13 cent.; diam., 18 cent.

118 — Potiche ronde, couverte d'une belle glaçure verte, col coupé, décor d'animaux en relief et des deux têtes de tigres.

Haut., 22 cent.; diam., 23 cent.

119 — Urne à grains et son couvercle (pièce rare), composée d'un tube cylindrique supporté par un plateau, trois ours debout forment les trois pieds. La partie supérieure déborde en forme de toit, dont on voit les poutres apparentes et les rangées de tuile. Glaçure verte partiellement oxydée.

Haut., 38 cent.; diam., 36 cent.

120 — Autre urne, genre analogue, portant quatre arêtes en saillie sur le toit.

Haut., 24 cent.; diam., 19 cent.

121 — Autre urne, genre analogue, mais plus élan-
cée, à oxydation d'or, à décor triangulaire.

Haut., 26 cent.; diam., 18 cent

121 *bi* — Brique, provenant du Palais de Kanlin,
dont elle porte les caractères graves. Usagée
comme encrier.

ÉPOQUE SONG (960-1279 APRÈS J.-C.).

122 — Potiche, forme tambour, à belle glaçure
vert foncé partiellement oxydée, décorée de
fines appliques en forme de mascarons indé-
chiffrables, entre deux séries de clous en saillie.
Pièce même décor. (*Collection Pierpont-Morgan*).

Haut., 13 cent.; diam., 17 cent.

123 — Deux bombes en terre grisâtre, ornées de
pointes aiguës :

> L'emploi de ces pièces est fort discuté. La tradition
> la plus écoutée est que ces bombes remplies de poudre
> étaient jetées du haut des remparts sur les assaillants.
> (Feux grégeois au siège de Byzance.)
>
> La légende, au contraire, veut qu'elles soient les
> nids des serpents sacrés.

124 — Brûle-parfums-trépied et boîte à fard en pâte
friable, décorés au couteau de fleurs, cachet au
dos.

DIVERS

BOIS SCULPTÉS

125 — Kang (lit chinois) en bois dur finement ajouré, sur lequel sont couchés deux personnages bois tendre, mangeant leur riz.

Larg., 17 cent.

126 — La déesse Kwannin aux dix-huit bras, d'un temple du Chenzi, assise sur la fleur de lotus, les jambes croisées. Jolie patine provenant des fumées d'encens.

Haut., 89 cent.

127 — Stupa, reliquaire bouddhiste thibétain, forme pagode, en bois dur finement travaillé, portant une jolie peinture du « Yi-dam-b-de Mçog » (Esprit protecteur), avec sa Çaktis entre ses bras.

Haut., 24 cent.; diam., 15 cent.

128 — Stupa, bois de cède, décoré sur le pied des symboles bouddhiques; patine or brun des fumées d'encens. A l'intérieur, la prière, entourée de soie brochée; sur le devant, un petit médaillon, avec la déesse Kwannin en terre dorée.

Haut., 35 cent.: diam. 21 cent.

129 — Petit meuble-cabinet en bois dur, formé d'une case à tiroirs, surmonté d'un panneau-écran bois dur finement ajouré.

Larg., 57 cent.: prof., 31 cent.: haut., 82 cent.

130 — Panneau ovale en bois sculpté haut relief,
portant en saillie une tête de dragons dans les
nuages.

Diam., 57 cent. et 38 cent.

131 — Planche pour la gravure des estampes, représentant la déesse Si-van-mou.

Haut., 45 cent.; larg., 21 cent.

132 — Planche pour l'impression des livres sacrés
bouddiques, portant deux petites frises, décorées en fin travail des emblèmes sacrés.

Haut., 38 cent.; larg., 11 cent.

133 — Trois frises en bois ciselé et sculpté à jour
de fleurs et de fruits.

134 — Deux grandes figures en bois noueux de racine, en équilibre sur une jambe, représentant
Litikue, accompagné d'une colombe, et le
deuxième Pan chassant un mauvais esprit.

Haut 76., cent.

135 — Petite bouteille en bois de racine naturel.

Haut., 14 cent.

PEINTURES ET BRODERIES

136 — Suite de sept panneaux encadrés en bois dur
uni, pouvant être montés en paravent, en broderie soie bourrée, représentant en couleurs
polychromes les Pa-hsien (Immortels), accom-
pagnés, au centre, de Lao-Cho-Chin sur son cerf
et de Si-van-mou sur son paon. Attribué à
l'époque Chien-lung. (Pourra être divisé.)

Dimension de chaque : haut. 1 m. 75 cent.; larg., 47 cent.

137 — Trois panneaux, même genre. Mêmes dimensions.

138 — Deux pannneaux peints à la main sur soie,
représentant des scènes domestiques, d'une
grande finesse d'exécution, encadrés de bois
dur et sous verre. (Pourra être divisé.)

Haut., 96 cent.; larg., 27 cent.

139 — Deux autres panneaux analogues.

140 — Grand panneau encadré, broderie mauve,
représentant deux dragons opposés dans les
nuages, tenant la Foudre entre leurs griffes.
Cachet du brodeur et de l'ancien ministre du
Commerce « Ku ». Pièce remarquable ayant
obtenu le 1er prix, Exposition Saint-Louis 1907.

Haut., 1 m. 15 cent.; larg., 45 cent.

141 — Deux assiettes laque noir incrustées de nacre
à reflets polychromes, représentant, deux
dragons jouant avec la Foudre, dans les nuages.
Attribuées à l'époque Chien-lung.

Diam., 35 cent.

142 — Tambourin de cérémonie pour le culte
lamaïste, décoré de lamelles d'os, et couvert de
peau de serpent — avec l'archet — et son gland.

143 — Violon chinois, couvert de peau de serpent.

144 — Corne de rhinocéros sculptée à jour, portant
une inscription.

145 — Deux grandes lanternes à double galerie, et
ornées de cinq breloques de perles tombant de
la partie supérieure formant toit, en bois laqué
noir décoré de rinceaux or, provenant du Palais.
Époque Chien-lung. La lumière est protégée par
de nombreuses petites vitres ornées de peintures.

Haut., 1 m. 10 cent.

146 — Grand vase à double panse cloisonné, fond
turquoise décoré d'un dragon jouant dans les
nuages au-dessus des flots.

Haut., 57 cent.; diam., 20 cent.

PIERRES DURES

147 — Boucle en jade grisâtre, montée sur un fer-
moir filigrané bronze doré, ciselé de dragons.

148 — Boucle en jade beau jade blanc sans défaut,
formé de dragons et serpents.

149 — Boucle en agate brune, même décor.

150 — Pendentif jade blanc, représentant un personnage sur une mule.

151 — Plaque jade sculpté à jour, dragon dans les
nuages.

152 — Plaque jade sculpté à jour, aigles et loups.

153 — Plaque jade sculpté à jour, dragon dans les
nuages.

154 — Bouton en jade gris, portant des têtes de
dragons en haut relief.

155 — Petite gourde à étranglement médian en cristal de roche, ornée de dragons en relief.

156 — Petit pendentif jade, représentant un Bouddha?

BRONZES

157 — Deux coupes bronze patiné vert, portant à l'extérieur un décor en relief de phénix et de dragons et à l'intérieur une inscription en caractères Choù, relatant que la pièce fut faite dans la deuxième année du royaume de Wei, soit environ 222 ans avant J.-C. Cette pièce doit être la copie Ming, d'une pièce Choù.

Haut., 8 cent.; diam., 19 cent.

158 — Petite coupe, trépied bronze vert portant une inscription Han et un décor de dragons.

Haut., 5 cent.; diam., 13 cent.

159 — Autre coupe, trépied bronze vert, époque Han, avec inscription indiquant un Nien-ho (180 ans avant J.-C.).

Haut., 4 cent.; diam., 13 cent.

160 — Récipient à eau pour écritoire, primitivement coupe à sacrifice, en forme de tortue dont la gueule sert pour l'écoulement du liquide. Pièce très intéressante. Époque Han.

161 — Petite bouteille à col allongé, sans décor. Époque Han.

Haut., 17 cent.

162 — Pointe de lance Han, d'une belle patine vert bleu.

163 — Boucle de ceinture, bronze patiné et oxydé vert clair, décorée en relief. Époque Han.

164 — Petit trépied portant une figure votive, en bronze patiné vert, portant au dos une inscription en caractères Han : « Le 10me jour de la 1re lune de la 3me année de l'époque Sung-tching (120 ans après J.-C.), un grand prêtre a énoncé des lois, les a mises en vigueur, de sorte que tout fut bien, et le prêtre fut nommé Dieu ».

165 — Autre pièce analogue de l'époque Han en bronze rouge joliment patiné, portant en caractère Han : « Au 13e jour de la 1re lune de la 4e année du gouvernement de Ta-Veih (petit district contemporain des Hans), Kung-Sung a également promulgué des lois et eut la même récompense. » Sa figure est représentée en commémoration sur le trépied.

166 — Trois petites coupes à épaulement d'or, de l'époque Han, probablement employées comme coupes de libation ou comme récipients d'eau.

167 — Brûle-parfums avec couvercle ajouré, époque Han, en bronze patiné. Ces pièces accompagnaient les morts dans leur tombeau.

168 — Pièce de monnaie, montée dans un cadre en bois dur ajouré, en bronze vert, portant entre deux dragons l'inscription *Han, de l'empereur Ouan-Man-thieng, usurpateur du trône sous les Han*. Pièce en cours en l'an VII après J.-C.

169 — Miroir bronze vert patiné, décoré en relief de lions et de caractères. Époque Han.

170 — Miroir bronze vert, décor de Bouddha avec incriptions. Époque Han.

171 — Miroir bronze vert, décor dit de « la grappe de raisins ». Époque Han.

172 — Miroir bronze vert. Époque Han.

173 — Miroir bronze vert. Époque Han.

174 — Miroir bronze vert, décoré de personnages. Époque Han.

175 — Miroir bronze vert, décoré de paysages. Époque Han.

176 — Deux pièces bronze vert, servant à l'impression des monnaies Han.

177 — Lot de pièces de monnaies Choŭ et Han.

178 — Pièce bronze vert pour l'impression des monnaies Han.

179 — Deux pièces médailles commémoratives, avec inscription du caractère Han (royaume de Wei).

180 — Poignard du rite lamaiste en bronze vert, portant comme manche une tête de démon.

Long., 22 cent.

181 — Sceptre en fer niellé d'argent. décoré de fleurettes et du signe du Bonheur.

182 — Pointe de lance. Ming.

183 — Trois petites divinités en bronze doré, représentant la Tara-Verte, le pied droit pendant sur la fleur de lotus.

Haut., 13 cent.

181 — Brûle-parfums bronze en patine brune à qua-
tre pieds. Poésies gravées en caractères Choù.
Éléphant sur le couvercle. Marque des *Ming-
Hsuan-te, 1426-1435*.

Haut., 14 cent.

185 — Bol en bronze d'une jolie patine verte, portant le cachet de Hsuan-te, les anses en têtes
de lions.

Diam., 12 cent.

186 — Poêle mortuaire trépied, pièce de fouille, en
fer oxydé, décoré de fleurs. Attribué à l'époque
Kang-hsi.

Haut., 8 cent.

187 — Ciseau chinois en fer niellé d'argent, décoré
de fleurettes.

188 — Bouteille-applique en fer niellé d'argent.
portant les signes du Bonheur.

189 — Deux boites à fard en bronze vert-foncé patiné.
portant à l'intérieur des caractères Choù. mais
attribué à l'époque Ming, couvercles décorés de
dragons dans les nuages.

190 — Figure représentant Kue-si, dieu de la Litté-
rature. sur un socle à jour, en bois dur, représentant un poisson sortant des flots.

191 — Le même finement ciselé.

192 — Petit bouddha Sakia-Mouni, assis en médita-
tion, les jambes croisées, portant sur la poi-
trine le symbole bouddique « Ouan ».

Haut., 10 cent.

193 — Bouddha en cuivre finement ciselé, représentant Kwanyin. Signé : *Cheng-te, 1505-1521*.

Haut., 42 cent.

194 — Vase sphérique en bronze, portant deux anses. Jolie patine attribuée à l'époque Han.

Haut., 20 cent.; diam., 20 cent.

195 — Poêle bronze imitant la forme Han, le manche à tête de serpent. Attribué à l'époque Ming.

Diam., 21 cent.

196 — Cuillère à riz joliment oxydée. Époque Han.

Haut , 33 cent.

197 — Brûle-parfums, trépied en bronze, attribué à l'époque Han, patine brun rouge, à pied en têtes d'éléphants.

Haut., 25 cent.

198 — Cloche Ming, imitant une ancienne pièce Han, suspendue dans un encadrement en bois dur ajouré. La cloche à quatre pans coupés est ornée de pointes, qui, selon la légende, devraient toutes concourir au son. Pièce finement ciselée, maintenue au cadre par une chauve-souris en bronze.

Haut., 58 cent.

199 — Urne à vins pour les sacrifices, imitation Ming de l'époque Han, suspendue dans un encadrement en bois ajouré. Très jolie pièce finement ciselée.

Haut., 58 cent.

200 — Brasier-trépied en bronze, portant une inscription : *Dans la 3e année Kien-ho* (147 à 150 ans après Jésus-Christ), *le présent objet de sacrifice a été fait par Chui-chi.* Décoré d'un joli relief fantaisie de l'époque Han.

Haut., 15 cent.

www.ingramcontent.com/pod-product-compliance
Ingram Content Group UK Ltd.
Pitfield, Milton Keynes, MK11 3LW, UK
UKHW031743170726
13836UKWH00002B/845